Jardim de Haijin

ALICE RUIZ S

Jardim de Haijin

ALICE RUIZ S

Fê
Ilustrações

livros da ilha
ILUMINURAS

livros da ilha
divisão infantojuvenil

Ilustrações e capa
Fê
Estúdio a garatuja amarela

Este livro segue as novas regras do Acordo Ortográfico da Língua Portuguesa.

CIP-BRASIL. CATALOGAÇÃO-NA-FONTE
SINDICATO NACIONAL DOS EDITORES DE LIVROS, RJ

Ruiz S, Alice
Jardim de Haijin / Alice Ruiz S ; ilustrações Fê. - São Paulo : Iluminuras, 2010. il — 3. Reimpressão, 2019.

ISBN 978-85-7321-323-2

1. Poesia brasileira. I. Título.

10-1450. CDD: 869.91
CDU: 821.134.3(81)-1

07.04.10 13.04.10 018425

2019
EDITORA ILUMINURAS LTDA.
Rua Inácio Pereira da Rocha, 389 | 05432-011 | São Paulo - SP | Brasil
Tel./Fax 11 3031-6161
iluminuras@iluminuras.com.br
www.iluminuras.com.br

Para

*Ná Ozzetti, Neco Prates e Zaba Moreau que,
generosamente, compartilham seus jardins comigo.*

Haijin é a pessoa que faz haikai. Hai de haikai mais jin de pessoa.
Portanto, poeta. Mas um tipo um pouco diferente de poeta.
Por exemplo, haijin é poeta de pouca ou nenhuma rima.
Embora, dentro do haikai, as palavras conversem entre si, isso não acontece
necessariamente na última palavra de cada verso, mas lá dentro,
como se os sons que ecoam brincassem de esconde-esconde.
Haijin não costuma usar palavras complicadas,
de significados difíceis ou misteriosos.
Daquelas que nos obrigam o tempo todo a consultar o dicionário.
O haijin escreve como a gente fala.
Como se estivesse conversando conosco.
Haijin não escreve sobre seus próprios sentimentos e pensamentos.
Escreve sobre as coisas. Simplesmente descreve o que vê.
Deixa que as coisas falem por si. E elas falam.
Porque o tema, o assunto do haikai, é a natureza.
E a natureza oferece mais ensinamentos
do que muitos mestres e livros juntos.
E muito melhor do que muitas teorias superelaboradas.
Haijin é quem esquece de si mesmo ao olhar uma flor,
uma estrela, um capim, o movimento das folhas ao vento,
ou a gota de orvalho que balança na ponta de um galho.
Ou mesmo um dia de chuva, um mosquito, uma árvore seca.
Como se ele mesmo fosse cada uma dessas coisas.
O haijin não olha com a mente. Não olha com o coração.
Haijin é quem olha com os olhos.
Como se nem seu coração, nem sua mente,
nem ele mesmo estivesse ali.
E ao mesmo tempo ele está totalmente envolvido
com cada coisa que ele olha.
Como se ele e a coisa olhada fossem um só.
Sem sentir. Sem refletir. Sem pensar. Sem intenção.
Ele apenas registra, como se fosse uma máquina fotográfica.
Só que faz isso com as palavras.
Uns diriam que é óbvio.
Outros diriam que é difícil.
Todos estão certos.
Porém, mais certo está o haijin.
Porque olha além do óbvio.
Além do difícil.
Olha para onde tudo, simplesmente, existe.

Alice Ruiz S

árvore seca
cercada de flores
sempre viva

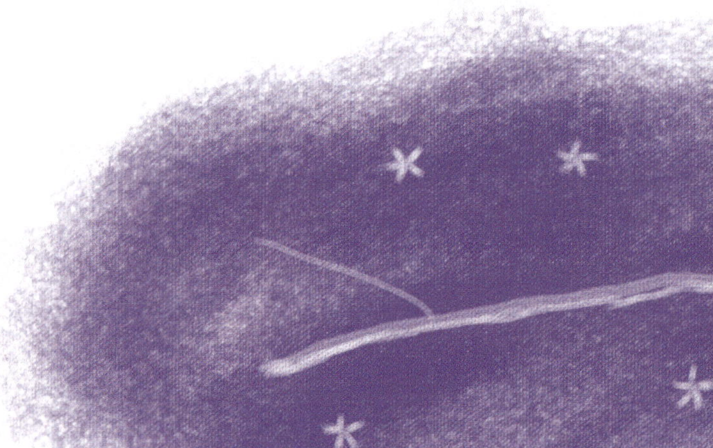

árvore seca
florida em branco
nuvens pequenas

árvore seca
na ponta do galho
brilha uma estrela

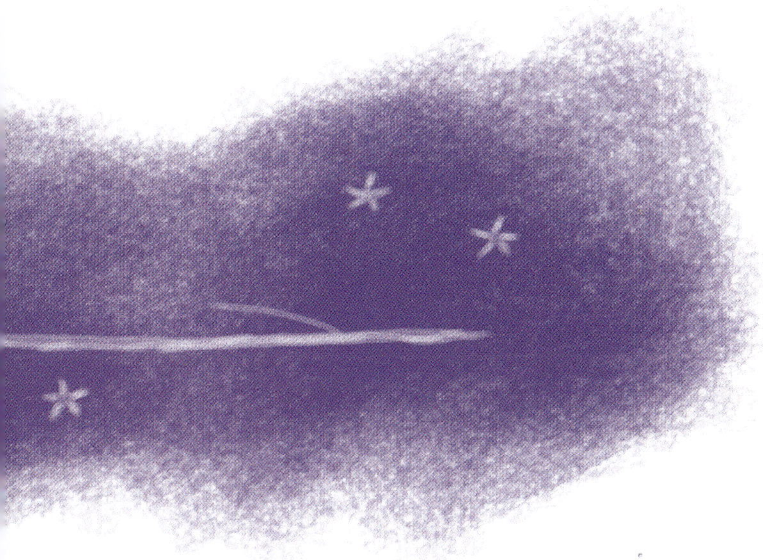

no alto das árvores
descobrindo as estrelas
passeio de nuvens

à sombra de outra
pequena árvore cresce
para onde o sol nasce

vento forte
as copas das árvores
só sussurram

cai da árvore
mais leve que a folha
menino judoca

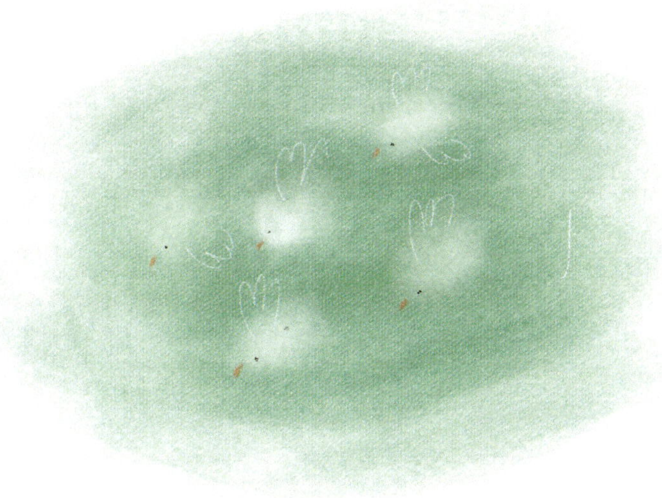

fim de verão
debaixo da árvore
brotam galinhas

refletida no lago
morrendo de sede
árvore do cerrado

Serra dos Pirineus
toda enfeitada
renda do cerrado

árvore com lanterna
por toda a noite
um sol dentro

sumaúma
para dormir e acordar
uma basta

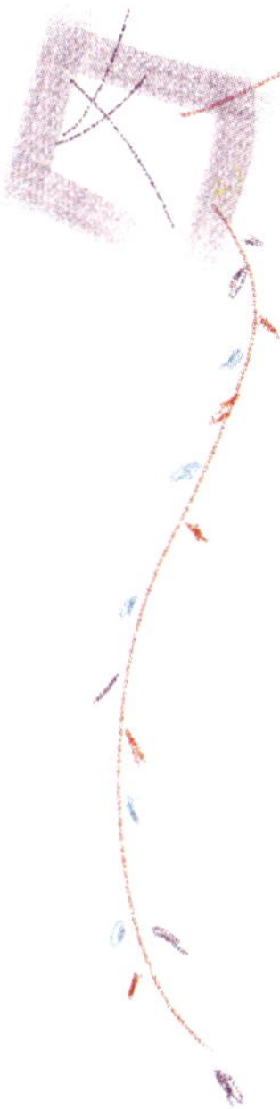

pipa perdida
para a árvore seca
primeira folha

árvore na rua
no lugar de folhas
pandorga rasgada

passeio no Ibirapuera
uma cerejeira florida
interrompe a conversa

noiva na igreja
para e compara
pereira em flor

ipê amarelo
no galho mais alto
a primeira flor

o vento passou
ficaram as pegadas
nas patas de vaca

antes do natal
colorindo o pinheiro
flores de cera

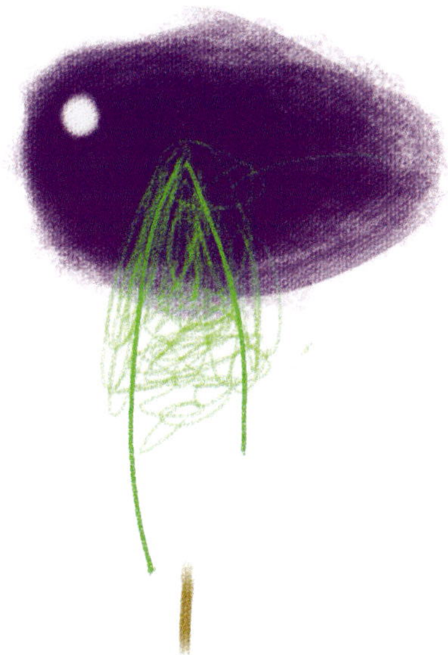

noite de ano novo
no alto do pinheiro
a Lua brilha

jasmim do cabo
um chão todo florido
e perfumado

vento de verão
florescem nas samambaias
jasmins do cabo

casinha simples
em lugar de porteira
o manto de rei

paineira na chegada
ainda mais florida
no dia da saída

vento no bambuzal
por todos os lados
portas que se abrem

várias arbustos
a mesma família
bambuzal na estrada

toda florida
merecia outro nome
a pata de vaca

sobre a folha branca
a sombra escura
das folhas secas

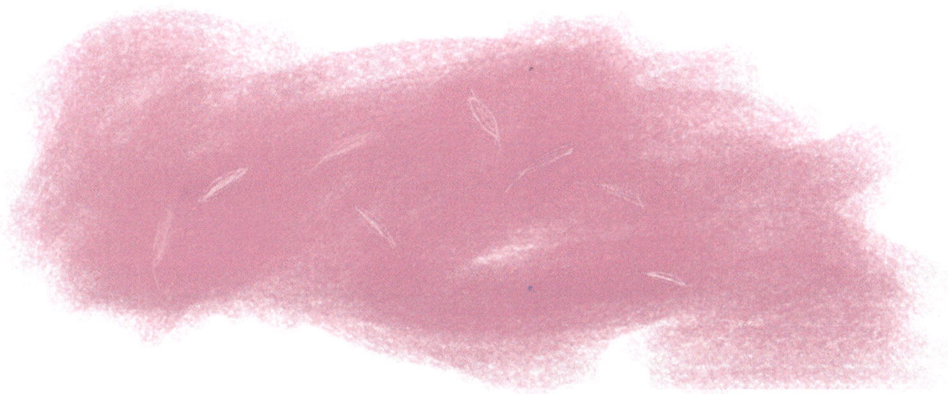

folhas ao vento
árvores, cadernos
uma sinfonia

vento forte
sementes caem
folhas voam

depois do vento
folhas na escada
não sobem nem descem

chuva de folhas
um dia inteiro
calçada macia

chuva de flores
de dia e de noite
calçada rosa

chuva na serra
embaixo das folhas
todas as flores

ora aparecem
ora desaparecem
flores na neblina

ao acordar
a cor da flor
dá o tom do dia

chão lilás
muitas flores
muito tempo atrás

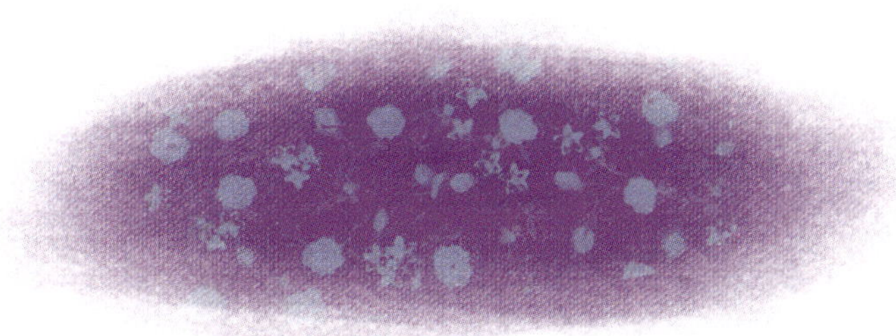

noite estrelada
atrás do portão
última flor

manhã de primavera
para todas as flores
dia de estreia

pétala vermelha
caminhando pelas pedras
pequena formiga

apenas três folhas
e coberto de flores
gramado de trevos

pôr do sol
diante da flor de cacto
o gato nem pisca

flor de pedra
até suas folhas
o vento levou

restos de ninho
os sabiás se foram
canteiro de musgo

pequeno nenúfar
a quilômetros daqui
você tem companhia

flocos de neve
em plena primavera
flor de pitanga

flor de abóbora
pétalas que voam
uma borboleta

pedaços de Sol
a chuva desce lavando
bromélias secas

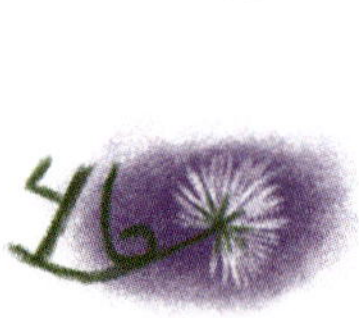

fora de hora
a dama da noite
enfrenta o inverno

depois da chuva
cheiro de madressilva
brilho da Lua cheia

por todo o jardim
um exército em fila
lírios da paz

vento cortante
vontade de recolher
os lírios do jardim

brilhando no mato
de noite, estrela perdida
de dia, orquídea

o voo da abelha
termina na parede
sombra da orquídea

dia de chuva
orquídeas na cozinha
espiam pela janela

janela aberta
a orquídea no jardim
ainda fechada

Lua cheia
por trás das nuvens
cheiro de jasmim

dentro do quarto
através da persiana
broto de jasmim

verão chega ao fim
em tudo permanece
cheiro de jasmim

último jasmim
primeira azaleia
encontro no jardim

todas floridas
as azaleias recebem
flores de ipê

casa reformada
na lata vazia de tinta
a azaleia pinta

Sol do meio-dia
asas para a azaleia
vento de outono

árvore caída
passarinho saltita
desarvorado

brinco-de-princesa
ganha um novo pingente
o beija-flor

no jardim da minha amiga
todo mundo feliz
até a formiga

Paulo Leminski

no jardim da minha filha
do capim à orquídea
é tudo família

Alice Ruiz S

Nos anos 70 o Paulo escreveu esse haikai para mim porque eu não tinha coragem de acabar com um formigueiro que tinha em meio as plantas que eu cultivava. Mais de trinta anos depois, estava eu na varanda da casa de nossa filha Estrela, lugar que ela já transformou em floresta de tantos vasos e onde cresce tudo que vocês possam imaginar, quando me brotou esse haikai para ela e, de certa forma, para ele também.

Este livro foi composto em *Garamond*, e terminou de ser impresso em 2019 nas oficinas da *PSP Digital Gráfica*, em São Paulo, SP, sobre papel couchê fosco, 115 gramas.